소녀와 고양이 종이인형 플레이북

고양이삼촌의
인형상점

소녀와 고양이 종이인형 플레이북
고양이삼촌의
인형상점

제1판 1쇄 발행 | 2017년 11월 5일
제1판 2쇄 발행 | 2017년 11월 10일

지은이　유재선
펴낸이　박성우
기획 편집　코티지 김지해
디자인　정해진 www.onmypaper.com
펴낸곳　청출판
주소　경기도 파주시 문발동 594-10
전화　070-7783-5685 | 팩스　031-945-7163
전자우편　sixninenine@daum.net
등록　제406-2012-000043호

ⓒ 2017 유재선

ISBN | 978-89-92119-64-1 13630

이 책은 청출판이 저작권자와의 계약에 따라 발행한 것으로
본사의 허락 없이는 이 책의 일부 또는 전체를 이용하실 수 없습니다.

소녀와 고양이 종이인형 플레이북

고양이삼촌의
인형상점

유재선 지음

언제부터인지 알 수 없지만
세월의 흔적이 고스란히 담겨 있는
오래된 물건들에 애착이 가기
시작했습니다.

하나둘 모으기 시작한
옛날 인형들과 장난감들로
작업실이 가득 차기 시작할 무렵

홍대에 작업실을 내고, 작은 가게 하나를
함께 운영하기 시작했습니다.
어느새 10년이 다가오고 있네요.

안녕하세요!
저는 인형상점의 주인장
'고양이삼촌'입니다.

Cut, Fold and Paste!

Paper doll DIY kit book!

인형상점의 작고 귀여운 소녀를 따라,
아기 고양이들을 따라 오리고 붙여 만들다 보면
시간 가는 줄 모르는 즐거운 책이 될 것 같습니다.
이 책은 유년의 추억이 있는 어른들을 위한
재미있는 종이인형 놀이책입니다.

Prologue

가끔씩 시골집에 가면 부모님과 누나들의 빛바랜 사진앨범을 펼쳐보곤 합니다.
앨범 속에는 잡지에서 장미꽃을 오려 사진 옆에 장식을 하고,
멋진 시를 적어서 앨범 곳곳을 꾸며 놓으신 소녀 시절 엄마를 만납니다.
제가 태어나기 전 유년 시절의 누나들도 만납니다.

사진 속의 누나들이 입고 있던 멜빵바지는
제 그림 속의 고양이들에게 다시 입혀주었고,
오래된 인형이 입고 있던 꽃무늬 원피스는 소녀들에게 입혀주었습니다.

어릴 적부터 누나들과 함께 종이인형을 가지고 놀던 제가,
지금은 제 그림을 기다려주시는 분들을 위해
다양한 인형들을 그리고 만들고 있습니다.

종이인형의 예쁜 부분이 행여 잘려나갈까 조심조심 가위질하고,
어떤 옷이 더 어울릴지 바꿔 입혀가며
나만의 이야기를 만들던 순수하고 즐거웠던 시절,

저처럼 종이 인형을 좋아하는 누군가에게,
또한 그런 시절을 보낸 모든 분들에게
어른이 된 지금도 재미난 놀이거리가 되어 줄
이 한 권의 책이 소중히 전해지길 소망합니다.

부디 마음껏 즐겨주시길….

고양이삼촌 유재선

THE UNCLE CAT'S PAPER DOLL DIY KITBOOK

Contents

Prologue 20

Enjoy of making!

hi! I'm Frill 26
hi! I'm Grande 30
hi! I'm Daisie 34
hi! I'm Kloudy 38
hi! I'm Koal 42
hi! I'm Marong 46
Doll House Cafe 50
Doll House Ice Cream 58
Doll House Flower 66
Doll House Sewing 74
Mobile 82
Tag 83
Articulated Paper Dolls 86
Big Paper Dolls 90
Garland 106
Card Envelope 110

Enjoy of making!

hi! I'm Frill

프릴은 인형을 너무 좋아해요.
엄마에게 선물받은 금발머리 인형은
프릴이 가장 아끼는 보물입니다.
인형에게 친구를 만들어주다 보니
어느 새 프릴의 방은
귀여운 인형들의 천국이 되었어요.

Likes

엄마에게 선물받은 인형,
꽃무늬 원단,
손바느질,
고양이 인형

How to make

1. 인형의 외곽선을 따라서 천천히 오려주세요.
2. 다리 부분은 안쪽으로 접어서 세우면 됩니다.
3. 옷과 소품도 잘라서 다양하게 활용하세요.

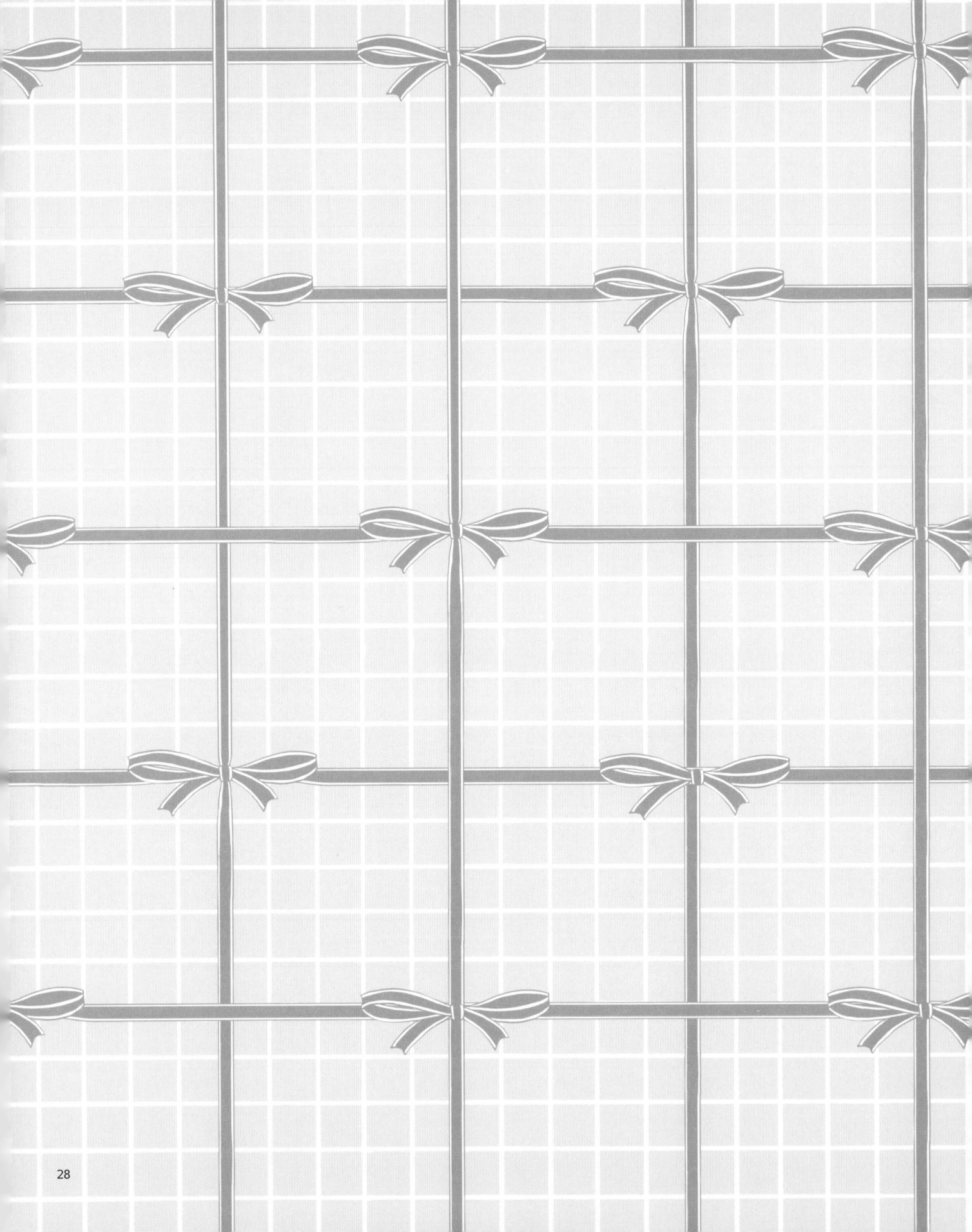

hi! I'm
Daisie

데이지는 양쪽으로 머리 묶는
것을 좋아합니다.
데이지꽃의 꽃말처럼 명랑하고
천진난만한 성격이예요.
꽃무리들을 한데 묶어
예쁜 종이와 함께 꽃다발을
만드는 것은
데이지가 가장 좋아하는
취미랍니다.

Likes

곰돌이인형,
머핀,
딸기쉐이크

 Daisie clothes

hi! I'm Kloudy

봄에는 새빨간 딸기, 여름엔 시원한 수박,
가을에는 달콤한 배, 겨울엔 맛있는 귤.

사계절 언제든
샴고양이 클라우디의 과일가게엔
늘 생기 넘치고 맛 좋은 과일이 가득하지요.

Likes

딸기,
오렌지,
생크림 케이크

Kloudy's Clothes

I'll take this for bedtime.

I love eating icecream with this skirt.

hi! I'm Koal

지친 친구들에겐
지금 달콤한 디저트가 필요해요.

아이스크림을 좋아하는 고양이 콜은
꿀럭한 카라멜을 넣은 초코아이스크림과
신선한 과일들로
시원한 샤베트도 만들었어요.

아이스크림 웨건을 밀고
피크닉을 갈 시간입니다.

Likes

아이스크림,
과일빙수,
더운 여름

 Koal's Clothes

I'll take this for Saturday!

How about this Sailor?

hi! I'm *Marong*

실과 바늘을 손에 든
스코티시폴드 고양이 마롱은
밋밋한 가방을 보며 고민했습니다.

'단추를 바꿔 달아볼까?'
'꽃모양 장식을 붙여도 예쁘겠다.'

어떤 것이든 마롱의 손길이 닿으면
세상에 하나밖에 없는
사랑스러운 물건이 된답니다.

오늘은 친구들에게 줄
컵받침도 만들어야겠어요.

Likes

형겊인형,
오래된 인형들과 장난감,
동화책

Marong's Clothes

Marong always needs something familiar!

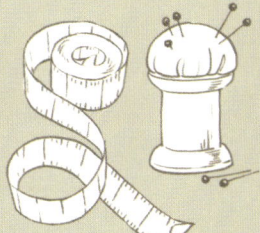

DOLL HOUSE

cafe

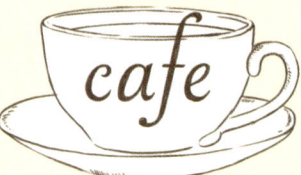

골목 안에 있는 작은 가게에서 커피와 도너츠를 파는
그란데의 카페를 만들어 볼까요?

- ——— 자르는 선
- - - - - 안으로 접는 선
- -·-·- 바깥으로 접는 선

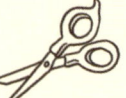

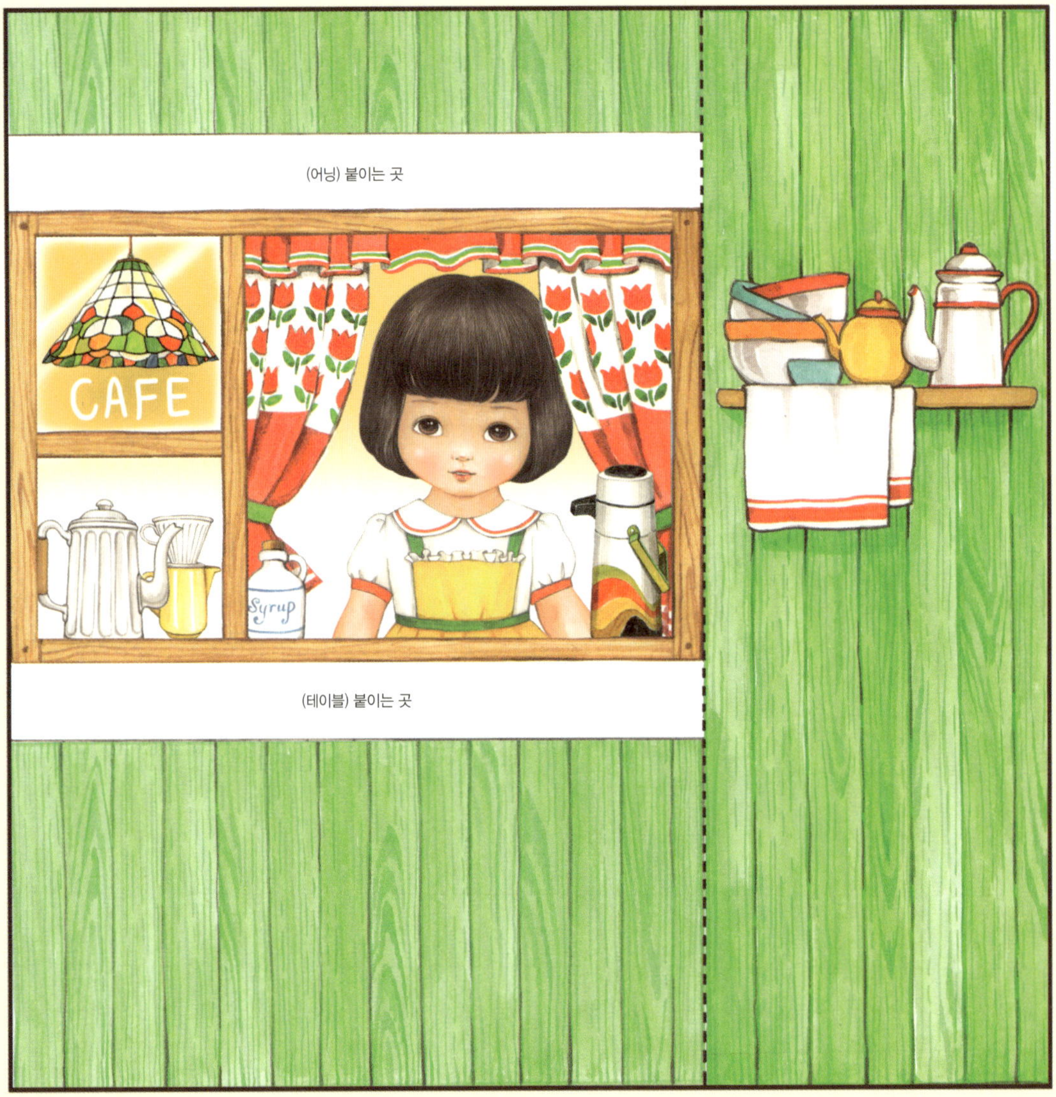
(어닝) 붙이는 곳
CAFE
Syrup
(테이블) 붙이는 곳

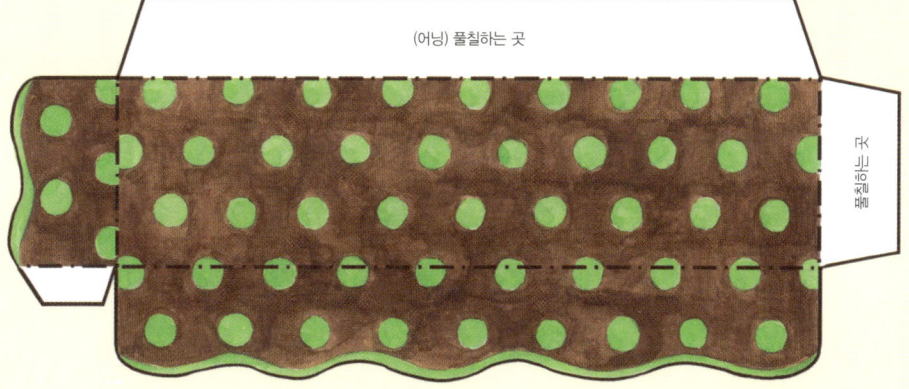

How to make

1. 인형의 집 외곽선을 따라서 천천히 오려주세요.
2. 점선 부분은 안쪽과 바깥으로 접는 선을 확인해 방향에 맞게 접고,
3. 풀칠하는 곳은 위, 아래를 확인하고 풀칠해 연결해줍니다.

DOLL HOUSE
ICE CREAM

친구들이 있는 곳이라면 언제든지 달려가 달콤한
아이스크림을 파는 콜의 아이스크림가게를 만들어 볼까요?

———————— 자르는 선
- - - - - - - - 안으로 접는 선
— · — · — · — 바깥으로 접는 선

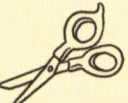

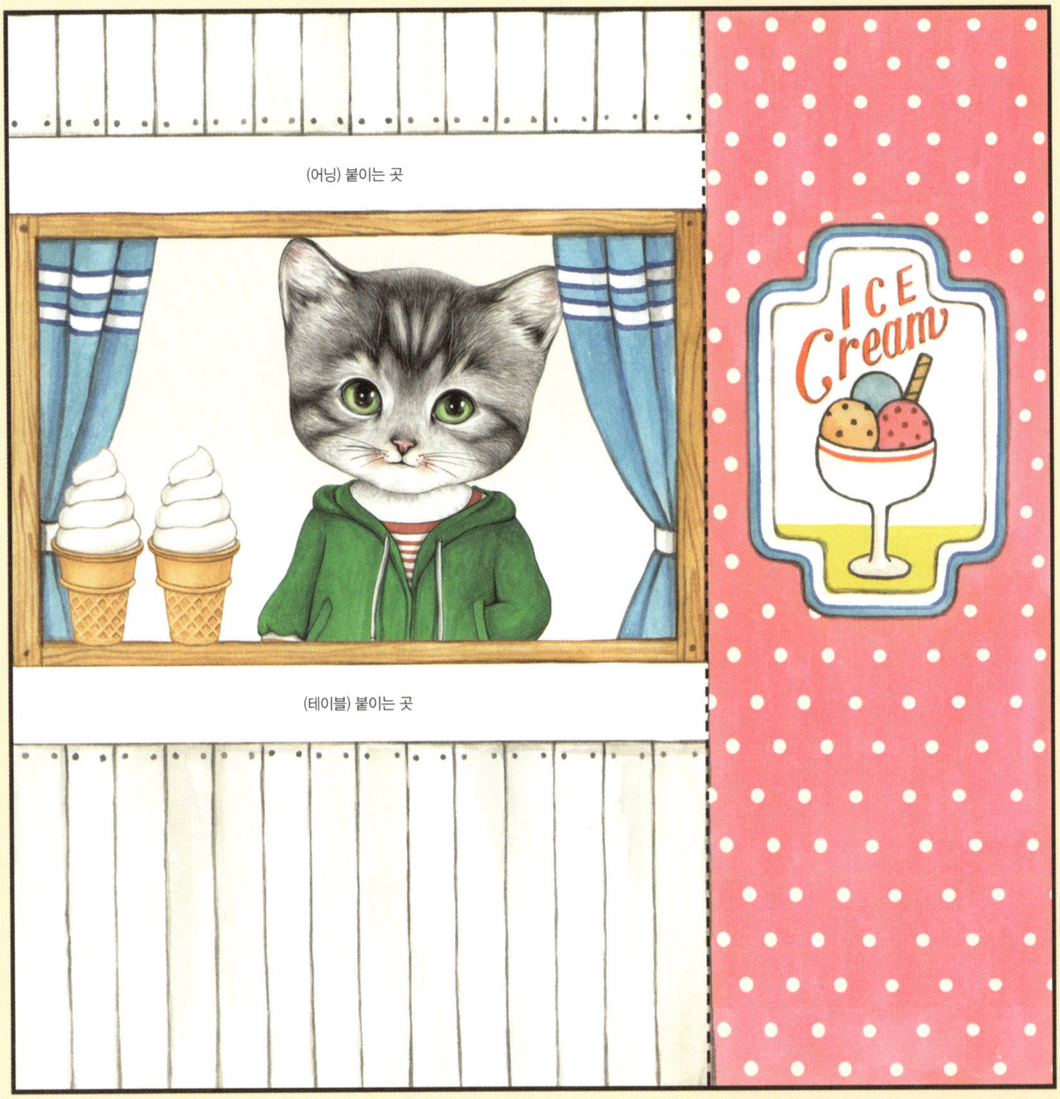

(어닝) 붙이는 곳

(테이블) 붙이는 곳

(어닝) 풀칠하는 곳
풀칠하는 곳

풀칠하는 곳
(테이블) 풀칠하는 곳
풀칠하는 곳
풀칠하는 곳
풀칠하는 곳

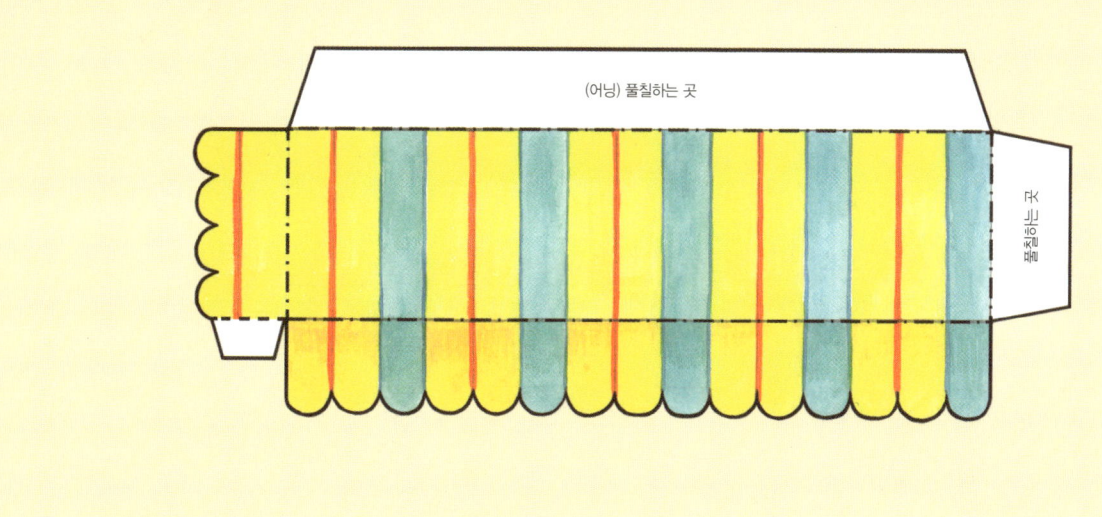

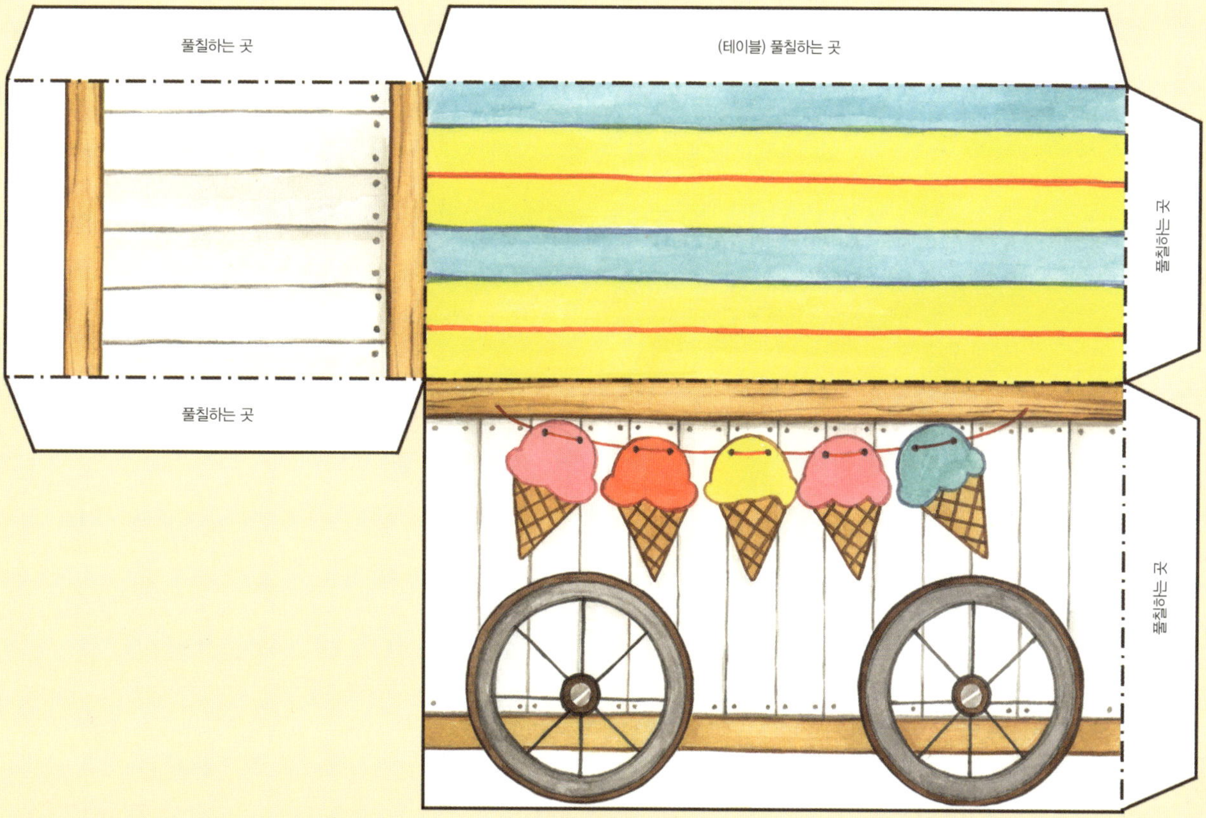

DOLL HOUSE
Flower

햇빛 잘드는 골목에서 싱그러운 꽃과 식물을 파는
데이지의 꽃가게를 만들어 볼까요?

──────────── 자르는 선
- - - - - - - - - - - 안으로 접는 선
─ · ─ · ─ · ─ · ─ 바깥으로 접는 선

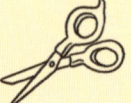

(어닝) 붙이는 곳

(테이블) 붙이는 곳

(어닝) 풀칠하는 곳
풀칠하는 곳

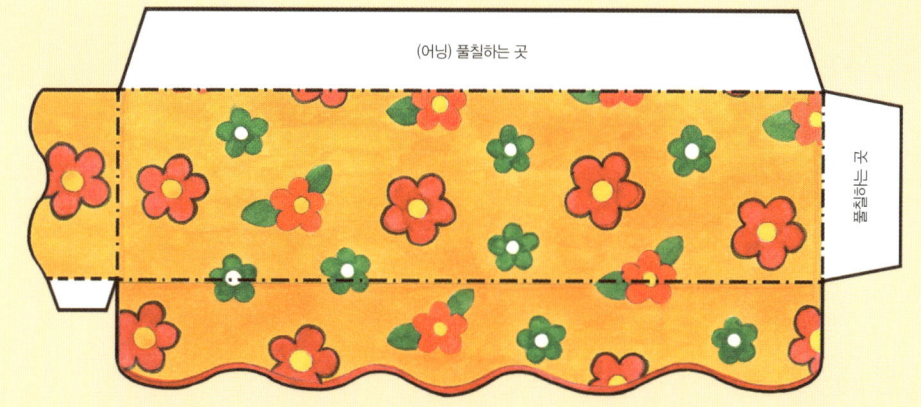

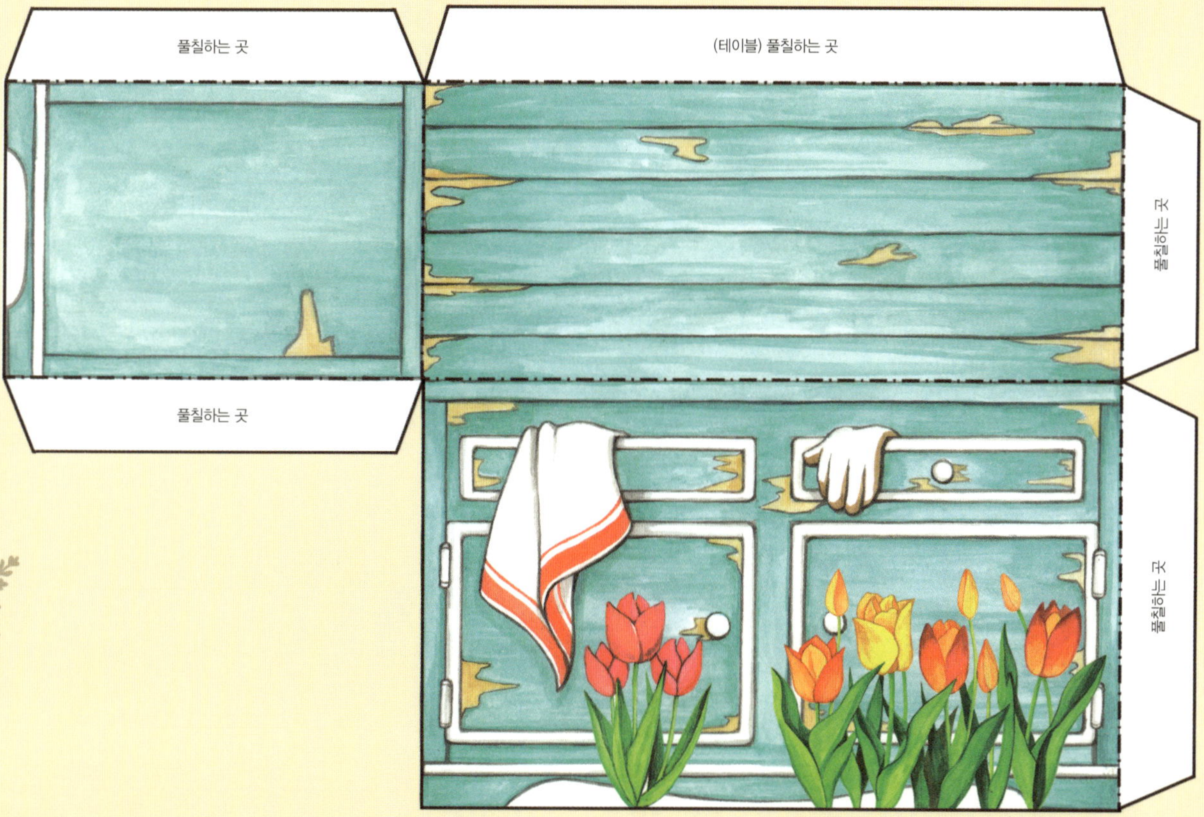
풀칠하는 곳
(테이블) 풀칠하는 곳
풀칠하는 곳
풀칠하는 곳
풀칠하는 곳

풀칠하는 곳

DOLL HOUSE
Sewing

주말마다 열리는 작은 마켓에서 직접 만든 가방과 인형을 파는 프릴의 공방을 만들어 볼까요?

──────── 자르는 선
- - - - - - - - 안으로 접는 선
-·-·-·-·- 바깥으로 접는 선

(어닝) 붙이는 곳

(테이블) 붙이는 곳

(어닝) 풀칠하는 곳
풀칠하는 곳

풀칠하는 곳
(테이블) 풀칠하는 곳
풀칠하는 곳
풀칠하는 곳
HANDMADE
풀칠하는 곳

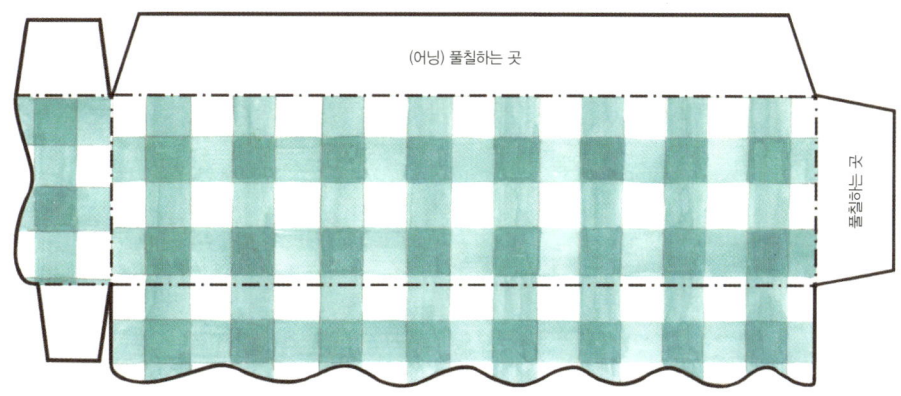

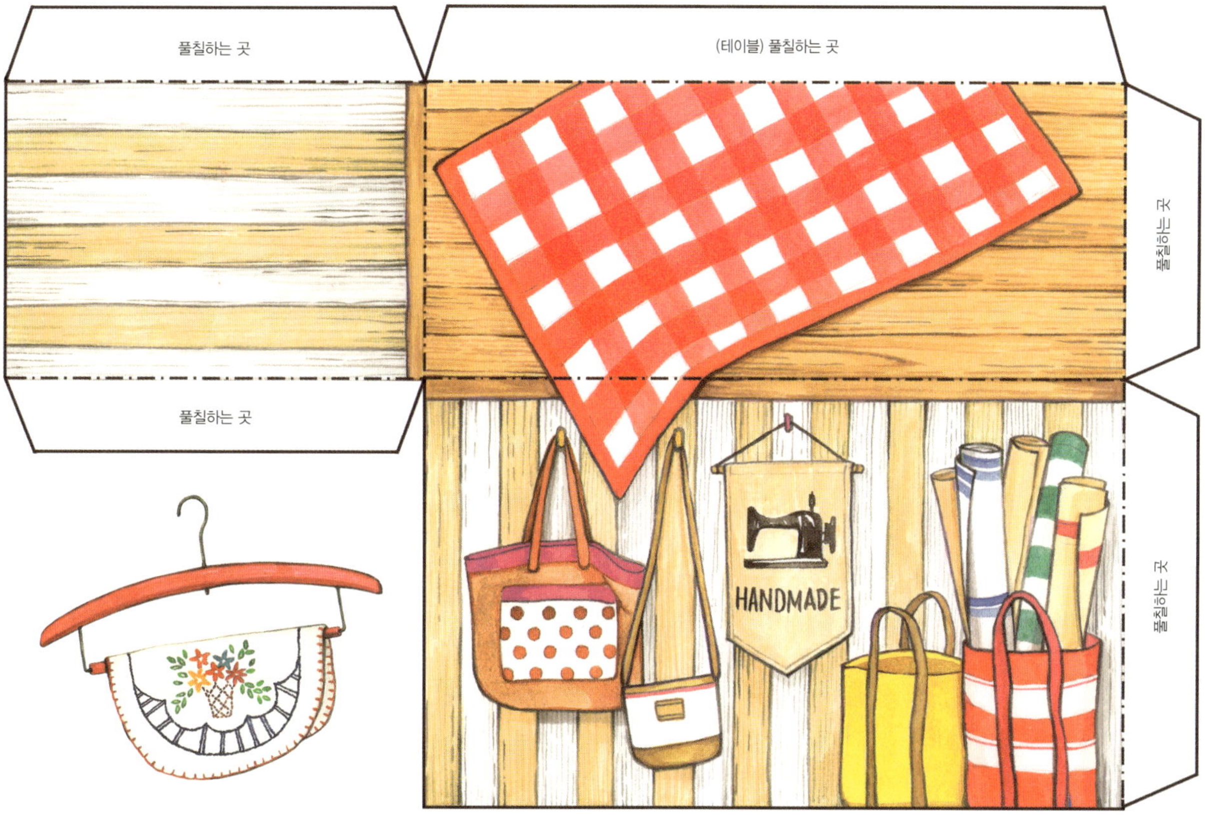

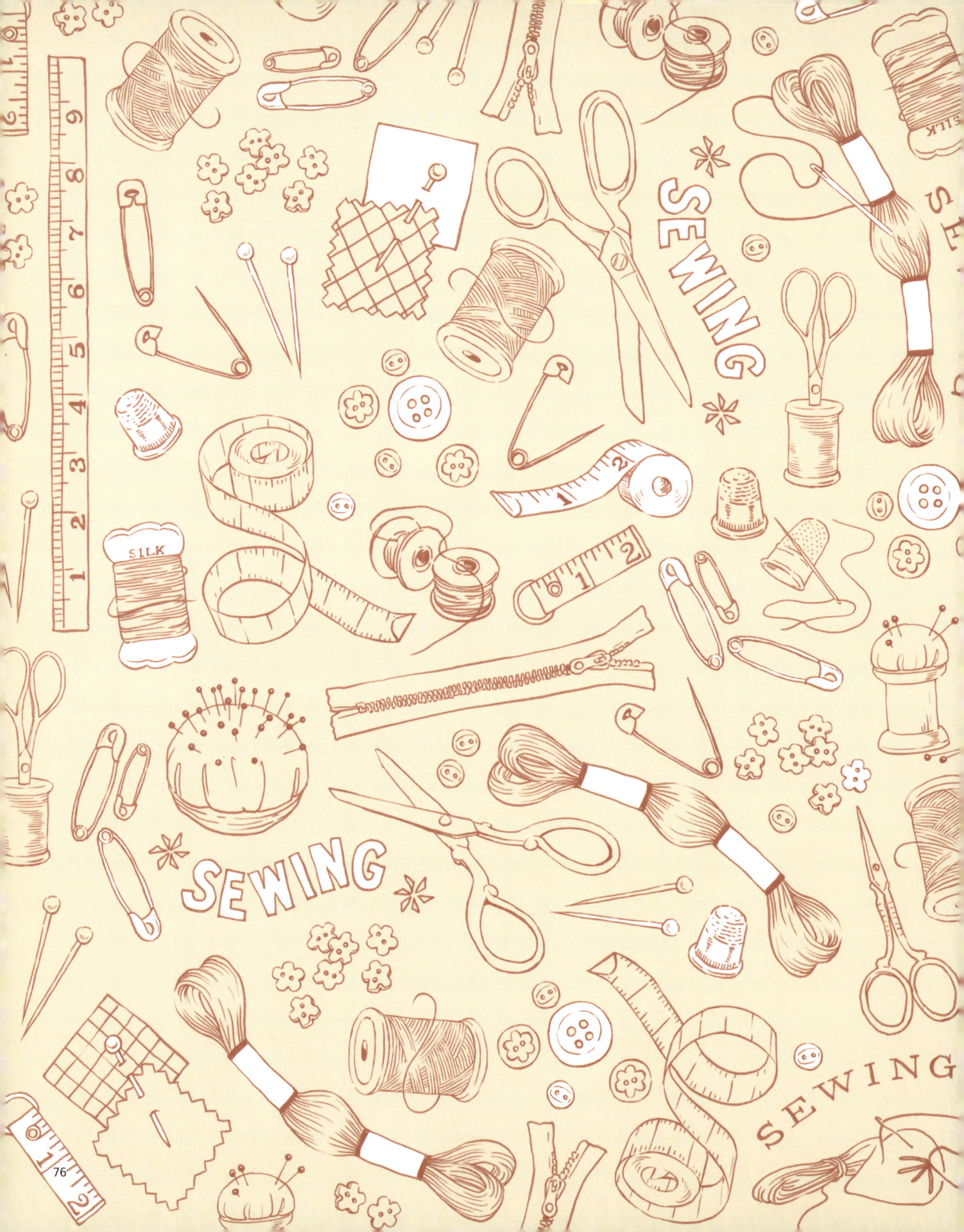

79

준비물 가위, 실, 바늘

How to make

1. 외곽선을 따라서 천천히 오려주세요.
2. 표시된 점 부분에 송곳이나 바늘로 구멍을 냅니다.
3. 실을 연결해 움직이는 모빌을 완성합니다.

 선물 포장에 택으로 달아서 사용하세요.

How to make

1. 인형의 외곽선을 따라서 천천히 오려주세요.
2. 표시 된 점 부분에 송곳이나 바늘로 구멍을 냅니다.
3. 얼굴, 팔, 다리 순서로 하나씩 연결합니다.

※ 연결 도구는 화방에 판매하는 구체관절인형 용도의
   할핀Brad Paper Fasteners 작은 것을
   구매해서 사용하시면 됩니다.

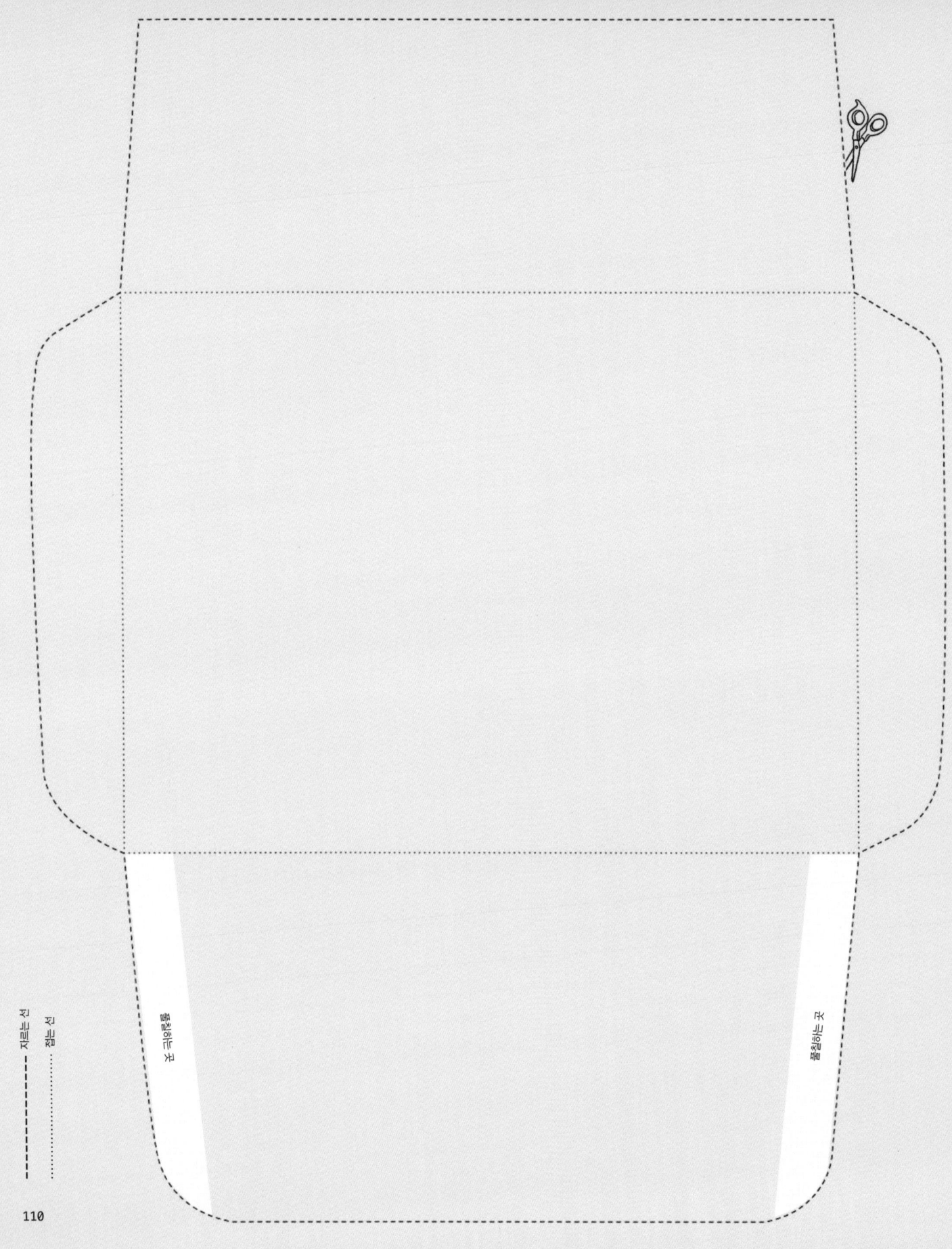

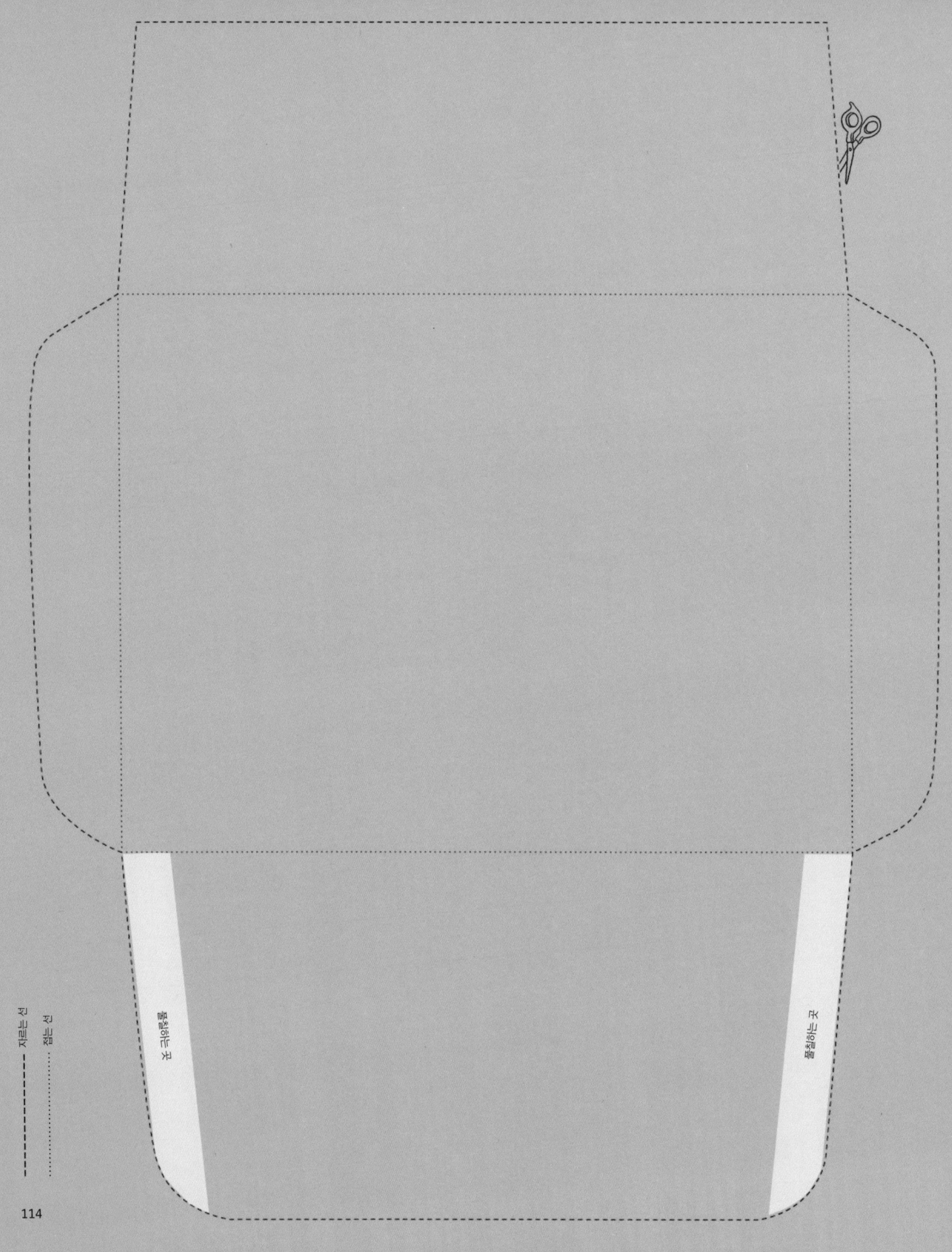

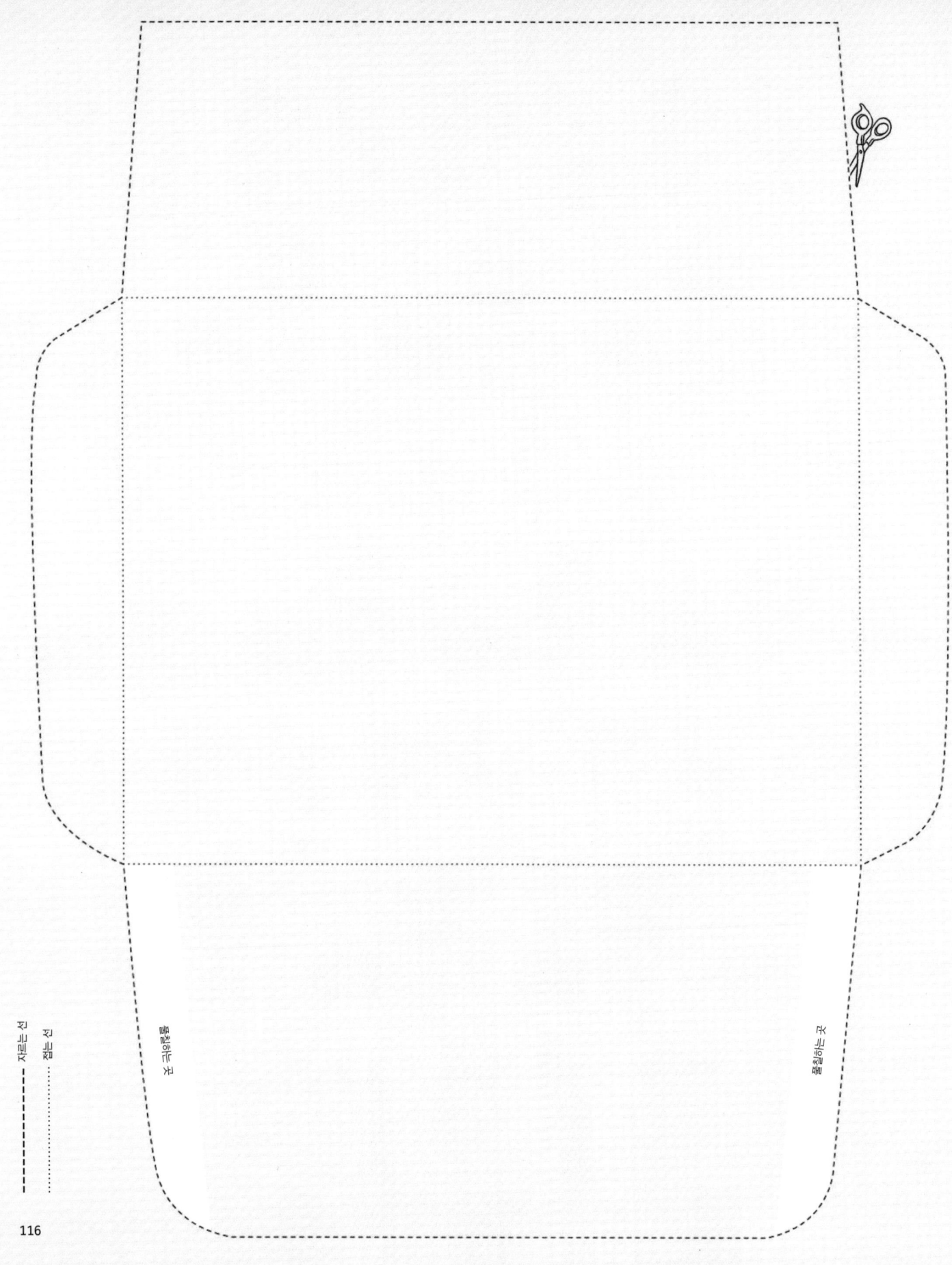

당신 안의 소녀를 만나 즐거운 하루 보내시길….

Have a good day with a little girl in your heart.

고양이삼촌

 thank you!